AF142540

Métamorfauve

Editions BoD - Books on Demand,

12/14 rond-point des Champs-Elysées, 75008 Paris

Impression : BoD - Books on Demand, Noderstedt, Allemagne

ISBN : 9782322210398

Dépôt légal : Mai 2020

Métamorfauve

suivi de

Rémanence

Poésie

I
Triomphe

Émoi

Qu'est-ce ?
Mais qu'est-ce donc ?
Qu'est-ce donc que cela ?

Pourquoi
la mer est-elle aujourd'hui si jolie
et le sable si fin ?

Où es-tu,
mon chagrin,
dont je ne sais plus rien ?

Pourquoi
mon coeur bat-il
avec un tel entrain ?

Que m'est-il arrivé ?
Et où suis-je ?

Qui suis-je
enfin ?

Dis-le moi,
doux visage,

dans le regard duquel
je me suis égaré,

et dont la bouche seule
sut étancher ma soif.

La soif

De cette eau, en amont, des bêtes se sont gorgées,
qui n'ont pas supporté sa soudaine abondance.

D'autres l'ont approchée,
que leur soif a jetées dans la gueule d'un fauve.

D'autres l'ont tant cherchée
qu'elles sont mortes d'épuisement à l'ombre d'un arbre sec.

D'autres encore ont vu, quand tout n'était que sable,
un amer océan dont l'aride baiser leur fut bien sûr fatal.

Et moi je suis resté au fond de mon terrier,
et je t'ai attendue.

Et puis un jour... un jour...
tu es venue.

Et des sources ont jailli
dans mon âme effarée qui tout d'abord n'y crut.

Réviviscence

J'allais, offert aux vents,
bras ouverts et la bouche écorchée de murmures,
sur des chemins pluvieux qui débattaient entre eux
de ce qu'ils feraient de moi.

Dans mon ventre des vagues
emportaient le fardeau de mon corps ignoré.
Dans ma bouche qu'enflait l'ébauche d'un cri d'effroi,
le silence gonflait comme un abcès choyé.

Dans mes mains disposées pour recueillir de l'eau,
je ne buvais encore que l'idée de ma soif à tes lèvres étanchée ;
et ton visage était une tangible absence
à laquelle j'étais tendrement ligoté.

Et puis un jour, un jour...
les incessants murmures qui écorchaient ma bouche
sont devenus un chant,

les rênes du vent se sont déposés dans mes mains
pour que je les jugule, et les chemins
se sont sous mes pas asséchés.

Dans mon ventre des vagues ondulatoires sont nées,
qui ont fait vivre mon corps. Et l'abcès du silence,
brûlant geyser alors évité de justesse, a crevé dans la joie ;

apprivoisant au fond de ma gorge le feu
de l'adulte douleur qui s'apprête à jaillir.
Car j'avais vu, là-bas...

là où le monde est monde et où plus rien ne ment,
où tout en soi se tend vers ce dont il adule l'avènement,
le soleil adorné de ses plus beaux cheveux ;

et la mer de tes yeux
dans laquelle sombrer
à tout jamais
je veux.

L'orpailleur

Orpailleur acharné,
naguère ivre d'espoir
et le soir escorté par un soleil sanglant,

n'osant guère t'éloigner de l'âtre de ta blessure
quand non loin rugissaient, ennemis et complices,
les fauves inventoriés ;

Orpailleur harassé,
hier encore offert au vespéral effroi
du phare astral au ciel hémorragique ôté,

n'osant guère emprunter les sentiers ombragés
sur lesquels s'égarent des gueules familières
et truffées de poignards ;

Orpailleur exaucé,

depuis lors apaisé, rasséréné, conquis,

dans l'exhaussement bleu d'une éternelle aurore,

tu regardes couler

la rivière tant de fois par tes mains suppliée,

puis entres dans la forêt pour y étreindre, enfin,

tes fauves apprivoisés.

Métamorphose de l'oiseau

Oh ! Regarde...
Regarde, cet oiseau.
Regarde comme il est beau !

Que crois-tu qu'il vienne faire
juste au-dessus de toi ?

Se promener, peut-être ?
Voguer ici et là, juste pour se distraire ?

Repérer une proie qui se musse dans l'herbe,
et qui peut-être, d'ailleurs, n'existe même pas ?

Tu ne le sais donc pas,
ne le sais vraiment pas ?

Pourtant, tu le connais, cet oiseau...
ce bel oiseau qui passe juste au-dessus de toi.

Tu le connais même fort bien,
tu sais...

Souvent, lorsque le soir tombait,
et que tu allais marcher sous les arbres longeant la falaise calcaire,
cet oiseau te suivait en décrivant dans l'air de charmantes figures ;

comme s'il avait voulu que tu le saches là :
que tu le voies, bien sûr,
et aies ainsi la preuve qu'il ne t'oubliait pas ;
mais aussi et surtout, afin que toi non plus tu ne l'oublies jamais.

Souvent, lorsque tu avais mal,
pour l'unique raison que tu n'existais pas,
il escortait ton pas depuis le ciel ouvert
comme une vaste plaie :

comme s'il avait su que tu le voulais là :
dans cet intime espace où tout était alors encore à reconstruire,
où tout avait été depuis longtemps détruit,
presque depuis l'enfance.

Mais son plumage,
alors,

n'était pas aussi beau,
ni ses ailes aussi larges

ni son vol aussi sûr,
qui aujourd'hui s'aventure au-delà du rivage.

Et c'est à son visage,
qu'il doit de décorer si joliment l'azur.

Mon bel oiseau des mers

Pose-toi,
bel oiseau,
mon bel oiseau des mers...

Et conte-moi l'histoire
de cet homme amoureux

dont le visage avait
aux fontaines amères
plongé sa bouche en feu.

Raconte-moi l'histoire
de cet homme amoureux
d'un être encore sans chair

et qui avait oublié
que quelquefois les flots
rendent justice à ceux

qui jusque dans la nuit
jusque dans le désert
et le naufrage
espèrent.

Pose-toi,
bel oiseau,
mon bel oiseau des mers...

Et conte-moi l'histoire
de cet homme amoureux

dont la bouche éreintée
enfin se désaltère
à la double fontaine de ses yeux bleus.

Sous l'arche de la nuit

Sous l'arche de la nuit
où infuse ton corps de fine porcelaine,
je pose dans ton cou, germes que l'âme sème,
une pluie de baisers :

un long collier d'étoiles,
kyrielle d'astres abstèmes à même la chair choyée
de ton corps vénéré en nul endroit obscène.

Je contemple, plus bas,
au temple de ta fontaine à laquelle je bois
et rêve de me noyer,
la charmille inversée de tes cuisses nacrées.

Sélénique, légère, stellaire, fuselée,
délicatement posée sur le nocturne autel,
mille constellations dans ton regard épellent
un kaléidoscope de prunelles azurées.

Et le firmament nu,
de ses joyaux lésé,
se désole et t'élit
à son détriment reine.

Je suis

Je suis
le feu qui dort
entre tes cuisses ardentes.

Je suis
le vent blessé
dans les branches cachées
par la nuit qui nous ment.

Je suis
celui qui lit
– fine calligraphie –
l'idéogramme orné de ton visage offert
sur l'autel de la nuit.

Je suis
celui qui boit
sans étancher sa soif
à la source adulée de ta bouche alanguie.

Je suis

la mer, la plaine,

la montagne, le ciel,

qui de leurs mille bras à tout jamais t'étreignent.

Je suis

la vie, le temps,

l'oasis adossée au désert qui l'assiège.

Je suis

celui qu'hier une vague a voulu déposer à tes pieds

et dont l'âme repose,

immarcescible,

éclose,

dans

le creux

de ta main.

Vertige

Oh ! mais que fais-tu, ma main ?
Que fais-tu donc là-haut :

sur les petits nuages
qui en passant épongent des miettes de ciel bleu,

sur les robustes ailes
des oiseaux qui voyagent,

sur les monts enneigés
où les bêtes se cachent dans leur terrier ;

et même dans les étoiles,
jusqu'au sein de l'éther où d'un geste léger
tu effleures un brouillard de poussières astrales ?

Pour qui te prends-tu donc, ma main ?
Que fais-tu donc là-haut ?

Ce n'est pourtant pas toi,
qui pousses les nuages,

ni qui non plus soutiens
les oiseaux qui voyagent.

Et les bêtes cachées au fond de leur terrier
n'ont pas besoin de toi pour ne pas avoir froid
sur les monts enneigés.

Quant aux poussières astrales,
aux étoiles perchées dans les sphères éthérées,
c'est un autre que toi qui les y a semées d'un geste magistral.

Alors, que fais-tu donc là-haut, ma main ?
Que fais-tu donc là-haut,

frêle esquif égaré
sur la soie de sa peau ?

Dis-moi

Dis-moi !
Dis-moi que tu veux bien que dans le ciel immense
un bel oiseau s'élance,

traverse les nuages
et fasse en notre nom le plus beau des voyages...

Dis-moi que tu veux bien que luise dans l'éther
la plus brillante étoile à ce jour inventée,

et qu'ensemble nos souffles en attisent l'éclat
jusqu'au bout du chemin...

Dis-moi que tu veux bien que s'approche de nous,
sur une mer sereine,

l'un de ces beaux navires aux soutes gorgées d'or,
d'épices et de joyaux ;

et que nous embarquions sur ce puissant vaisseau,
et suivions le chemin de cette nouvelle étoile,

et dédions à l'oiseau disparu dans les nues
nos plus douces pensées.

Dis-moi que tu veux bien
que nous allions là-bas, tout au loin, toi et moi :

là où va le navire aux soutes gorgées d'or,
où luit l'étoile et où s'est élancé l'oiseau.

Et si... ?

Et si

je n'avais plus que toi,

la nuit ?

Et si

je n'avais plus que toi

pour que me dire qui je suis, où je vais, et pourquoi ?

Et si

celle à laquelle mon être s'est offert

ne revenait jamais ?

Et si

derrière moi le chemin s'estompait

et que je ne puisse plus revenir sur mes pas ?

Et si

je me perdais au cœur de la forêt,

perforé d'yeux de bêtes que je ne verrais pas ?

Et si

mes loups pourtant jadis apprivoisés

oubliaient mon odeur et le son de ma voix ?

Et si

ils se jetaient comme autrefois sur moi,

ne me reconnaissant et me couvrant de plaies ?

Dis,

Que ferais-je, la nuit,

sans plus aucune main qui se tende vers moi ?

Qu'adviendrait-il de moi

dans ton ombre peuplée de bêtes égarées,

de ces démons qu'on porte au plus profond de soi ?

Qu'adviendrait-il de moi

dans ton ombre peuplée de monstres effarés,

et qui presque aussitôt qu'on les nomme nous noie ?

Que ferais-je de moi,
dans ta blessure géante,
dans ta bouche béante

qui alors m'engloutirait
sans qu'aucun cygne en moi pour te louer ne chante,
sans que même je crie, ni que nul ne me voie ?

II
Débâcle

Effroi

J'étais venu,
vainqueur,

les bras chargés de fleurs
et la bouche gonflée de paroles heureuses.

J'étais venu,
conquis

par le désir d'étreindre
et la soif d'aimer.

Mais des vagues menteuses
ont versé sur le sable
un si puissant venin

que ma bouche s'est close,
mon sourire tordu,

et mes yeux enfoncés
dans ma tête pillée
comme des bêtes peureuses.

Le vent

Sur le bord de la route,
ma tendresse niée,
j'ai tendu dans la nuit la plaie de mon visage.

Sur ma tête roulait,
cortège d'ours en rut,
des nuages armés de terribles secrets.

Et ton souffle passait,
inéluctable fauve,
effleurant mes cheveux comme on attise un feu.

Morte étreinte

Cette bouche
est en trop,
qui prononce ton nom
sans que tu n'apparaisses.

Et ces bras
sont trop lourds,
qui dans la nuit se tendent
et ne rencontrent rien.

Ces mains
sont trop puissantes,
qui au bout de leurs boas indomptables
se broient.

cette bouche
ces mains
ces bras

qui dans la nuit se tordent
et célèbrent l'absence
et le désir sans fin.

L'épave

Puisses-tu
égaler en noblesse

celui
que son ivresse
et sa plaie souveraine

ont jeté
à tes pieds

Puisse
te conférer

l'épave
qui te pleure
sa grandeur humiliée

Débâcle

J'étais venu,
vaincu,

mille bras accrochés à mes flancs
pour t'aimer,

le visage criblé de lèvres
pour le dire,

un essaim de mains folles
pour le montrer.

Mais ta bouche était close
et ton regard hostile,
ton visage figé comme une église en ruines.

Et je m'en suis allé
sur les sentiers tordus que les senteurs enivrent,
et qui après avoir longuement divagué

se perdent en forêt
comme on oublie de vivre.

III

Absence

La jeune fille

Le foin
dévoré vif
hurle et supplie
les bovins taciturnes.

La moisissure des rêves
à l'ombre d'un arbre
en feu.

L'horizon
jaune
sue.

La jeune fille
aux épaules nues
passe.

Défaite
mon âme
rue.

Mirage

adieu
ce bout de nez
cloué dans ton visage

cette bouche
ces yeux

ce silence froissé
des gestes minutieux

ce sourire blessé
des ultimes manœuvres d'appareillage

et la longue blessure
de ce sillage aux lèvres toujours plus écartées

adieu
celle que l'horizon
dans son voyage avale

dont l'absence promet
d'être un patient naufrage

et qui règne
clouée dans ma mémoire en feu

adieu
ce navire qui m'emporte
et dont je suis l'otage

et qui à me ravir l'étoile de son visage
aveugle mer et cieux

adieu
mon délicieux
mirage

L'absente

un œil
grand ouvert
au bout de chaque doigt,

je lis
en tapinois
ton corps imaginaire

Nounours

mes draps de verre cassés
je me nounours
seul

et mon sang
me tient chaud

mon ivresse m'enlace
et me sert de linceul

Canicule

sur la grève
debout

un homme en trop
attend

le soleil

L'inconnue

Aux torrents
dont les chairs se déchirent en chantant

Aux fleuves
enchaînés par leur envie muette

Aux océans en friche
dont les vagues éclatent en se mordant les lèvres

Aux nuages enfin
qui crèvent en amont

Je décris ton visage
et demande ton nom

Rémanence

I
Brisures d'alcôve

Un nid

Tu

as
ouvert
la porte

es
venue
près de moi

une fleur
dans la bouche
ton souffle dans mon cou

Tu

étais là
muette

magnifique
sereine

éternelle
infinie

Puis
une main
soudain

petit oiseau blessé
franchissant sans effort un territoire immense

s'est posé
sur le marbre de ton visage
pour s'inventer un nid à l'ombre de tes cheveux

Tout

une porte qui claque
un bruit de pas

ton sourire
ta main
ta voix

puis
tout

Pudeur

Le mutisme
qui sait

Le silence
qui boit comme boit un cheval

Le sourire
qu'une bouche à son insu déverse

Et le frisson d'effroi
quand la pudeur accuse la joie gourmande

Rapt

Dans l'ombre
où je t'effleure
une vague se dresse

La brise de ta jupe
engendre dans mon torse
un typhon qui m'évente

De petits océans
confus et chiffonnés
se cachent sous mes paupières

Puis tous mes bras se tendent
toutes mes mains s'accrochent
pour te ravir au monde

dont toutes les créatures
et tous les vents
en vain

te cherchent
t'appellent
grondent

tandis que moi
dans l'ombre
je t'étreins

Au détour d'un sentier...

J'emprunte du regard
les sentiers de ton corps

et l'éventail froissé
de ton sourire
m'invite

Enfantement

Cette main
sur ma peau
comme une aile blessée

Ces phalanges
trempées d'un hésitant désir

Cette main qui m'invente
et me refait enfant

et qui me rend mon rire
mes collines
mon blé

Bonbon

Le papier
de ton corps

qui crie
quand on le froisse

Demain

Endors-toi contre moi
tout contre moi
blottie

car demain
les moissons
n'en seront que plus belles

Rumeurs

Le rugissement sourd d'une auto
doucement engloutie
par la nuit

Un aboiement lointain
qui s'exaspère en vain

Une goutte entêtée
qui tinte dans un verre

Et ton souffle ténu
dans mes bras
épuisés

Éclat

D'où vient-il
ce sourire qui luit
dans ton profond sommeil ?

D'où vient-il
ce morceau de soleil qui éclaire dans la nuit
le fruit de ton visage ?

dans le nid d'une épaule qui ne m'appartient plus
et sur la lente vague de laquelle repose

l'osmose
d'un songe étale
et d'une âme épatée
par son anamorphose

Vaisseau

Je regarde
monter puis s'enfoncer sans bruit
l'étrave rassasiée de ton thorax exsangue

Je regarde
ton corps fendre la nuit en crue,
dont le jus se dépose dans les plis de ta peau

La langue du silence
tout doucement
te longe

et ta présence
éponge le puits du temps

L'invisible oiseau bleu

Dis,
Tu connais
le petit oiseau bleu
qui quelquefois, le soir,
se pose sur ma fenêtre ?

Non ?
Tu ne le connais pas ?
Vraiment ?

Alors,
veux-tu que l'appelle,
qu'il vienne y picorer quelques miettes de pain ?

Oui ?

Tu le veux bien ?

Vraiment ?

Alors,

ferme les yeux,

mon amour ;

ferme les yeux,

te dis-je.

Car il n'est pas de ceux

qui peuvent supporter l'éclat de tes grands yeux,

le petit oiseau bleu

qui quelquefois, le soir,

se pose sur ma fenêtre.

II
Icônes

Azur

la cymbale éclatante
de ton sourire

un insecte zébré
sur la tranche d'un verre sucré

et puis la mer
la mer

son inutile
azur

Félicité

les bras
goinfrés de fleurs
et la bouche rieuse
barbouillée de dentelles

les mains
folles de joie
et la source jumelle
de ton regard mouillé

je te regarde aimer
l'acte de vivre
même

La dormeuse

un soleil boursouflé
s'appuie sur les grands arbres

une mer à nos pieds
se prélasse sans fin

et dans mon petit coin
fidèle et clandestin

je te regarde éclore
et offrir au zénith un timide jardin

Hiéroglyphe

ce sourire
attardé sur tes lèvres

cette esquisse
qui s'offre ou peut-être s'esquive

comme aux longs soirs d'été
timides et oubliées

les fenêtres ouvertes
sur les jardins mouillés

Regarde-la

Regarde, soleil
Regarde-la

Regarde-la
sourire

Regarde-la
chanter

Regarde-la dormir, si seulement tu l'oses.
Ouvre tout grand pour elle,
étoile qui explose,

tes mille bras
légers.